Esther Leder

Das gewisse Etwas für dein Business

Praktische Tipps rund um Werbung,
Kundenpflege, Raumgestaltung,
Ausstrahlung und Selfcare

Impressum

Bibliografische Information der Deutschen Nationalbibliothek:
Die Deutsche Nationalbibliothek verzeichnet diese Publikation
in der Deutschen Nationalbibliografie; detaillierte bibliografische Daten sind im Internet über http://dnb.dnb.de abrufbar.

© 2022 Esther Leder

Lektorat und Korrektorat: Ruth Wettstein und Sandra Blank
Klappentext: Ruth Wettstein
Illustrationen: Esther Leder
weitere Mitwirkende: Markus Leder

Coverbild: canva.com

Herstellung und Verlag: BoD – Books on Demand,
Norderstedt

ISBN: 978-3-7557-4896-0

Service heisst, das ganze Geschäft mit den Augen des Kunden zu sehen.

Axel Haitzer

Inhalt

Vorwort

Durch meine vielseitigen, beruflichen Tätigkeiten konnte ich lehrreiche Erfahrungen sammeln. Fachliche Kompetenzen erwarb ich laufend über Aus- und Weiterbildungen an Schulen und Institutionen. Was mir jedoch fehlte: Was kommt nach diesen Ausbildungen? Wie mache ich mich selbstständig, wie baue ich mein Geschäft auf?

Vorab: In diesem Buch geht es nicht um die rechtlichen Aspekte einer Firmengründung, denn darüber gibt es reichlich Fachbücher.

Ich suchte also nach den «weichen» Aspekten, dem «gewissen Etwas» bei der Geschäftsgründung: Wie richte ich meine Geschäftsräumlichkeiten ein, was mache ich nun mit meinem Fachwissen, wie bringe ich dieses an die Kundschaft oder wie funktioniert das Zwischenmenschliche. Auf alle diese Fragen bekommt man meist keine befriedigenden Antworten. Auch findet man wenig bis nichts darüber im Internet. Das Fachwissen allein nützt wenig, wenn man unsicher ist, wie man dieses selbstsicher und kundenspezifisch bewirbt. Das fängt bei der Werbung an, geht übers erste Telefongespräch und hört bei der Verabschiedung auf. Und dazwischen gibt es auch noch so einiges.

Bevor ich meine Praxis eröffnet habe, und auch in der Anfangszeit, habe ich sehr viel recherchiert. Ich habe einiges ausprobiert und die Reaktionen meiner Kundschaft beobachtet. Wie reagieren sie im Erstgespräch auf gewisse Fragen oder Erläuterungen von mir, haben sie viele Fragen, bekomme ich Feedback und wenn ja, welches?

Meine ganze Recherchearbeit und meine Erfahrungen habe ich hier in diesem Ratgeber gesammelt. Es ist mein Ziel, dir diese intensive Recherche zu ersparen, damit du gleich loslegen kannst.

Dieser Ratgeber besteht aus acht Kapiteln, die wie folgt aufgeteilt sind:

- Themenbeschrieb
- Tipps und Ratschläge
- Eigene Erfahrungen, Feedbacks und Anekdoten von Kunden
- Fazit

Es gibt in einzelnen Kapiteln *kursiv* gedruckte Texte. Das sind Ratschläge, die das jeweilige Kapitel tangieren, aber nicht direkt zum Thema passen. Es sind meist organisatorische Tipps, über die sich alle Gedanken machen müssen, aber jeder für sich klären muss.

Patienten, Patientinnen, Kunden und Kundinnen habe ich der Einfachheit halber *Kundschaft* genannt. Des Weiteren habe ich für das flüssigere Lesen die männliche Form gewählt (Berufskollege, Mitbewerber etc.).

Und nun viel Spass beim Lesen und vor allem beim Umsetzen!

Was ist das gewisse Etwas?

Endlich, die Ausbildung ist beendet und ich kann loslegen! So oder ähnlich geht es uns allen, wenn wir unser Gelerntes endlich anwenden dürfen.

Also: Hereinspaziert meine liebe Kundschaft!

Und dann die Ernüchterung: Wo bleibt die Kundschaft?

Zuerst einmal vorweg: Egal wie gut du bist, egal wie viel Werbung du machst, egal ob du an guter oder schlechter Lage deine Dienstleistungen anbietest, **die Kundschaft wird dir nicht sofort die Bude einrennen**, ausser du kannst mit Handauflegen Cellulite verschwinden lassen. Nein, Spass beiseite: Jedes Geschäft braucht seine Zeit, um erfolgreich zu sein. Wenn du also denkst, sofort Gewinn machen zu können, dann muss ich dich leider enttäuschen. Da du aber bereits am Lesen meines Ratgebers bist, gehe ich davon aus, dass dir bewusst ist, dass mehr dazu gehört als einfach sein Handwerk zu beherrschen. Die erste Hürde hast du also bereits geschafft!

Nun gibt es viele Selbstständige, die viel Zeit in die Ausbildung investiert haben und voller Freude eine Praxis, ein Studio oder ein Beratungsbüro einrichten. Bei der Einrichtung ihres Geschäftes haben sie auch noch eine Menge Geld investiert. Dann warten sie und nach einigen Monaten müssen sie bereits wieder aufgeben, um sich eine Arbeitsstelle zu suchen, denn irgendwoher muss ja das Geld zum Leben kommen. Ich habe einige Menschen kennengelernt, denen es so ging und die mich verwundert gefragt haben, wie ich es gemacht hätte.

Hier noch eine Anmerkung für all diejenigen, die zwingend auf ein Einkommen angewiesen sind:
Bist du noch irgendwo angestellt? Dann behalte diesen Job vorerst, um deine Fixkosten zu decken. Starte mit Abend- und Samstagsterminen für deine Kundschaft. Vielleicht kannst du auch dein Pensum bei deinem Arbeitgeber etwas reduzieren. So bist du nicht so sehr unter Druck und kannst dein Geschäft ganz entspannt aufbauen.

Und jetzt zu dir! Du bist bereit, etwas mehr zu tun. Ich möchte dich dabei unterstützen, damit du erfolgreich bist. Und dies mit geringem Mehraufwand. Ich habe selbst erfahren, dass man vor allem am Anfang mehr Zeit investieren muss für die Vor- und Nachbearbeitung der Kundentermine. Auch die Termine selbst verlangen so einiges. Denn man muss sich enorm konzentrieren und braucht meistens vermehrt Erholungszeit. Meine Tipps sind alltags- und selbstständigkeitstauglich. Picke dir diejenigen heraus, die zu dir und deinen Dienstleistungen passen. Mein Ratgeber ist kurz und knackig gehalten, um effizient zu bleiben.

Das «gewisse Etwas» hat mir gefehlt

Auf alle Inputs und Infos in diesem Buch bin ich irgendeinmal selbst gestossen. Vieles hätte ich aber gerne von
Anfang an gewusst, um es anwenden zu können. Es hätte
mir den Einstieg in die Selbstständigkeit enorm erleichtert. Recherchieren, ausprobieren, der Kundschaft zuhören, zu spüren, wie sich die Kundschaft fühlt, Neues tes-
ten: Das alles hat mir jedoch enorm viel Spass gemacht
– genau wie das Schreiben dieses Ratgebers!

Fazit:

- **Das «gewisse Etwas» beschreibt die «weichen» Aspekte der Selbstständigkeit, wie
  zum Beispiel der Wohlfühlfaktor für die
  Kundschaft und wie deine Räumlichkeiten
  zu einer Wohlfühloase werden.**

- **Mit diesem Buch erhältst du Tipps, Ideen
  und Ratschläge über das «gewisse Etwas»
  in der Selbstständigkeit, damit du nachhal-
  tig erfolgreich sein kannst.**

- **Du bist gut in dem, was du machst!**

So machst du auf dich aufmerksam - Marketing ganz einfach

Braucht es Werbung?

Werbung oder Marketing ist immer so eine Sache. Einmal ist keinmal und mehrmals meist teuer. Leider ist es aber so, dass ohne Marketing nichts läuft. Ausser man hat das Glück und kann ein bestehendes Geschäft mit einem treuen Kundenstamm übernehmen. Alle anderen brauchen Werbung. Denn woher soll die potenzielle Kundschaft wissen, dass es dich und deine Dienstleistungen gibt? Für Mund-zu-Mund-Propaganda musst du zuerst eine grosse Stammkundschaft aufbauen. Machst du das aber richtig, dann senken sich die Marketingkosten bald wieder.

Wie erwähnt ist einmal keinmal. Einmal ein Inserat schalten bringt nichts. Nicht jeder, der das Inserat sieht, hat gleich das Bedürfnis dich anzurufen, weil er gerade Rückenschmerzen hat (medizinische Massage), sich auf die Schnelle entscheidet, Gewicht zu verlieren (Ernährungsberater) oder sofort etwas an seinem Leben ändern will (Coach). Nein, oftmals brauchen wir Wochen, Monate oder sogar Jahre, bis wir uns Hilfe holen oder uns etwas Gutes tun. Also funktioniert Marketing nur nach dem Prinzip: Steter Tropfen höhlt den Stein. Jedes Mal, wenn deine potenzielle Kundschaft dein Inserat, Insta-Post, Facebook-Eintrag oder anderes sieht, setzt sie sich bewusst oder auch unbewusst mit ihren Bedürfnissen auseinander. Irgendwann ist der Leidensdruck oder das Bedürfnis sich etwas Gutes zu tun doch so gross, dass sich die potenzielle Kundschaft wieder an deine Werbung erinnert: «Da war doch ein Inserat von Frau Muster in Dingshausen. Die hat doch irgendwann einmal in der Dorfzeitung ein Inserat geschaltet.» Und zack, schon wirst du im Online-Telefonbuch oder im World Wide Web gesucht. Internet ist mein Stichwort, um dir die

Angst vor grossen Kosten zu nehmen. Ich werde später detailliert auf einzelne Online-Möglichkeiten eingehen.

Einfach kurz vorab: Nicht alles kostet! Über Facebook, Instagram, Twitter, Whatsapp, Signal und andere Dienste kannst du - meist kostenlos - auf dich aufmerksam machen.

Was für Möglichkeiten habe ich, um mich und meine Dienstleistung bekannt zu machen?

Die Reihenfolge meiner vorgeschlagenen Werbe- und Marketingmöglichkeiten ist zufällig gewählt. Je nach Branche oder Zielgruppe ist für dich ein Inserat wichtiger. Für andere reicht es wiederum, per Instagram zu werben.

Visitenkarten
Ein Muss für jedes Geschäft. Denn bist du unterwegs und es ist möglich über deine Dienstleistungen zu sprechen, dann schenke dem Gegenüber deine Visitenkarte.

Auf der Rückseite deiner Visitenkarte kannst du auch gleich Platz für Termine vorsehen. Auch wenn viele Menschen ihre Termine in die Agenda oder den Online-Kalender eintragen, gibt es doch noch Kundschaft, die gerne einen Terminzettel für die Pinnwand mitnimmt.

Fensterbeschriftung

Sind deine Fenster auf Strassen oder Fusswege hin sichtbar? Dann unbedingt gross anschreiben was du anbietest. Es gibt diverse Anbieter, die Fensteraufkleber herstellen. Hierfür brauchst du meist nicht einmal einen Grafiker. Einfach Design auswählen und in möglichst grossen Buchstaben deine Dienstleistungen drucken lassen. Ist das Fenster nahe genug an der Strasse, dann unbedingt auch Telefonnummer abbilden, damit man dich gleich anrufen kann.

Türbeschriftung

Spätestens an der Türe muss für die Kundschaft ersichtlich sein, dass sie am richtigen Ort ist.

Bei Beschriftungen um und am Haus gilt es abzuklären, ob eine Genehmigung oder ein Baugesuch nötig ist.

Autobeschriftung

Ja, du liest richtig: Dein Auto ist eine fahrende Plakatwand. Es gibt auch hier Kleber für die Fenster oder Automagnete. Letztere haben den Vorteil, dass man sie jederzeit wegnehmen kann, falls der Sohn oder die Tochter nicht damit rumfahren möchte. Natürlich steht es dir frei, dein Auto von einer entsprechenden Firma beschriften zu lassen, was natürlich noch professioneller aussieht.

Inserate (mit Infos und Bild)

Ein Inserat muss zwingend folgende Infos enthalten:

- Vor- und Nachnamen
- Dienstleistungen
- Kontaktdaten inkl. Adresse
- Website
- Deine Berufsbezeichnung (Das bildet Vertrauen.)
- Ein «Ich freue mich auf Sie» kann nicht schaden
- Portrait-Bild. Lass dieses Bild aber unbedingt bei einem Fotografen machen. Wichtig ist, dass es sympathisch rüberkommt, damit man sich bereits beim Betrachten deines Bildes wohl fühlt.

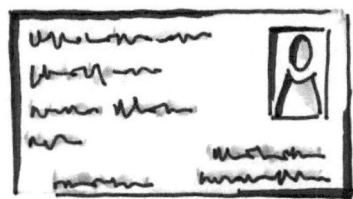

Schwieriger als die Gestaltung des Inserates selbst ist die Frage, wo das Inserat publiziert werden soll. Das kommt ganz auf deine Zielgruppe an. Da sich der Ratgeber eher an kleinere Unternehmen richtet, die sehr wahrscheinlich regional tätig sind, bieten sich Dorfzeitungen gut an. Noch besser sind Zeitungen und Zeitschriften, in denen offizielle Bekanntmachungen publiziert werden. Ich spreche hier von Baugesuchen, Ankündigungen von Festen, Gottesdienstzeiten, Eröffnungen etc.

PR-Berichte

Viele Zeitungen bieten PR-Berichte an, wenn man bei ihnen Inserate schaltet. Entscheidest du dich also für die viel gelesene Dorfzeitung, dann sei dir nicht zu schade, nachzufragen, ob du zu deinen Inseraten auch einen PR-Artikel bekommst. Immer möglich ist, einen bezahlten Bericht zu schalten.

*Zur Info: Unter PR-Artikel (**P**ublic-**R**elation) versteht man einen Bericht über dich, deine Dienstleistungen, dein Institut und deine Angebote. Immer mit Fotos. Wenn du jemanden kennst, der gut schreiben kann, frage nach, ob diese Person einen Text über dich und deine Dienstleistungen formulieren kann.*

Telefonbuch (online)

Heutzutage nimmt man nicht mehr das gedruckte Telefonbuch oder die Gelben Seiten zur Hand. Es ist alles online verfügbar. Es ist ein Muss, seine Dienstleistungen ins Online-Telefonbuch einzutragen. Viele Anbieter bieten neben dem Standard-Eintrag mit Namen, Adresse und Telefonnummer auch weitere Möglichkeiten an. So kann man seine Website verlinken, die Öffnungszeiten eintragen, sogar Fotos reinstellen. Allerdings muss erwähnt werden, dass alles, was über den Standard-Eintrag hinausgeht, doch einiges kostet. Das lohnt sich dennoch. Denn sucht jemand bei Google nach Ernährungsberatern, werden Ernährungsberater aufgeführt und das in der Regel weit oben. Klickt man dann auf deinen Namen und du hast sogar noch deine Website und/oder deine Telefonnummer verlinkt, hast du eigentlich schon neue Kundschaft. Solche Online-Telefonbuch-Anbieter haben auch Berater, die dir ihre Angebote erklären. So musst du dich nicht durch komplizierte Online-Tools arbeiten.

Instagram

Heute kennt praktisch jeder Instagram. Man nutzt es privat, um Ferienfotos zu posten oder sein Hobby ins rechte Licht zu rücken. Für dein Geschäft solltest du einen eigenen Account machen. Poste laufend Bilder von deiner Praxis/deinem Büro oder deinem Berufsalltag, um die Neugier zu wecken. Sei kreativ: Stellst du Blumen zur Dekoration auf, poste diese als Story. Privat kannst du diese Posts und Story natürlich teilen und weiterposten. Wichtig ist, dass du viele Hashtags verwendest, die zu deinen Dienstleistungen passen. #wohlfuehloase #auszeit #ernährungsberatung #kosmetik und viele mehr. Auch hier gilt: Sei kreativ! Hast du noch freie Termine? Dann rein in deine Story damit!

Facebook

Dasselbe bei Facebook: Mache hier einen eigenen Account für dein Geschäft. Es ist zwar nicht die Plattform der Jungen, dennoch tummeln sich immer noch viele Menschen auf Facebook und sei es nur, um sich über dies oder jenes zu informieren. Sei präsent und poste regelmässig etwas, das zu deinen Dienstleistungen passt. Poste deine freien Termine!

Twitter

Sei auch bei Twitter aktiv. Poste, wenn du etwas Neues anbietest.

Bei all diesen Sozialen Medien gilt auch: Schau was deine Mitbewerber posten. Welche Hashtags brauchen sie. Sieh dir an, bei welchen Posts sie die meisten Likes bekommen. Ist das bei schönen Fotos, bei tollen Sprüchen oder wenn sie sich bei der Arbeit fotografieren lassen?

Denke daran, dass du die Kundschaft nicht abbilden darfst, ausser sie gibt dir die Erlaubnis dazu.

Whatsapp, Signal, Threema, Telegram

Bei diesen Kommunikations-Apps kannst du deinen Status posten, ein Profilbild einsetzen oder einen Infotext eintragen. Nutze das! Teile deinen Kontakten laufend mit, was du anbietest. Du kannst diese Apps auch nutzen, wenn du ein Sonderangebot hast, eine neue Massagetechnik anbietest, eine neue Pflegelinie im Sortiment aufnimmst oder noch freie Termine anzubieten hast.

Google Business

Google Business (kostenlos) ist sehr zu empfehlen, damit du bei der Suche oben aufgeführt bist. Google Business im Google-Suchfeld eingeben und dann schlägt es dir die Registrierungs-Seiten vor.

Website

Das Wichtigste: An deiner eigenen Website führt kein Weg vorbei. Es gibt viele Anbieter, die fertige Homepages anbieten. Da kannst du das Design wählen, den Umfang (wie viele Seiten), oder ob du einen Online-Shop für deine Produkte integrieren möchtest (Pflegeprodukte, Nahrungsergänzung, Faszienrollen etc.). Frage auch hier jemanden aus deinem Bekanntenkreis, ob sie/er dir helfen kann. Zudem gibt es Dienstleister wie Werbebüros, die für dich eine Website aufbauen. Je nach Budget entwerfen sie für dich auch ein eigenes Logo, das du auf Visitenkarten, Briefpapier, Gutscheinen usw. verwenden kannst.

Was gehört auf deine Website?

- Deine Dienstleistungen mit entsprechender Beschreibung
- Deine Kontaktdaten (Name, Adresse, Telefonnummer, E-Mail)
- Ein Bild von dir (auch hier gilt: Lass dich von einem Fotografen ablichten)
- Dein Werdegang und Ausbildungen
- Vielleicht deine Philosophie oder deine Beweggründe, diese Dienstleistungen anzubieten
- Bilder deiner Praxis, deines Studios, Beratungsbüros, Trainingsraums etc.
- Öffnungszeiten
- Preise
- Anfahrtsweg / eingebettete Maps
- Eventuell eine Seite, auf der deine Kundschaft eine Empfehlung schreiben kann.
- Geschützt mit HTTPS-Zertifikat und die Website muss rasch laden. Hier wirst du nicht drumherum kommen, eine Fachperson zu fragen.

Gedruckte Werbeunterlagen

Trotz Social Media sind Drucksacken immer noch gefragt. Beispielsweise ein **Geschenkgutschein** - ein weiteres Muss. Diese kannst du auch günstig über Online-Anbieter machen lassen. Darauf vorgedruckt kann Folgendes stehen:

- Gutschein für:
- Von:
- Behandlung/Wert:
- Deine Kontaktdaten
- Schönes Bild
- Platz für deinen Stempel/Unterschrift/Datum

Zum Auflegen in Drogerien, Geschenkläden, bei Kollegen und in den eigenen Behandlungsräumen:
Postkarten mit einem schönen Bild und deinen Kontaktdaten.

Mitbewerber-Beobachtung

Sehr wichtig ist es, die Mitbewerber zu beobachten und zu lernen, was deine Berufskollegen machen.

- Was machen sie gut, was weniger?
- Wo sind sie werbetechnisch vertreten?
- Wie sieht ihr Inserat aus?
- Haben sie eine Homepage?
- Zu welchen Preisen bieten sie ihre Dienstleistungen an?
  - Das ist eine sehr wichtige Abklärung, die du machen musst. Eine Kosmetikbehandlung kostet in der Stadt mehr als auf dem Land. Um deine Preise anpassen zu können, musst du über die lokalen Preise informiert sein. Es ist aber ein spannender Zeitvertreib! Gewöhne dir an, das

regelmässig zu tun, auch wenn du schon einige Zeit arbeitest. Du musst wissen, ob deine Dienstleistungen noch «up to date» sind oder ob du deine Preise sogar erhöhen kannst.

Ich habe darauf verzichtet, zu den einzelnen Massnahmen Links, Druckereien, Grafiker, Werbeagenturen o. Ä. aufzulisten. Auch die genauen Vorgehensweisen zur Google Business-Registrierung oder wie man eine Insta-Story macht, beschreibe ich nicht. All diese Themen ändern ständig, so dass es wahrscheinlich bereits wieder anders ist, bevor ich diesen Ratgeber zu Ende geschrieben habe. Erkundige dich auf Youtube oder in deinem Bekanntenkreis. Jeder kennt jemanden der eine Visitenkarte gestalten kann, ein Instagram-Profi ist oder geschäftlich mit Google und Co. zu tun hat. Als Gegenleistung bietest du einfach eine kostenlose Fusspflege, Beratung, Maniküre oder sonst etwas aus deinem Dienstleistungsangebot an.

Was ich in Bezug auf meine Werbung oft zu hören bekam:

- Ich wurde oft auf meine **Inserate** angesprochen. Wieso? Weil ich ein Portrait-Foto von mir abgebildet hatte. Die Kommentare waren durchgehend positiv: «Da weiss man doch, mit wem man es zu tun hat.» oder «Das kommt sehr sympathisch rüber.» oder «Nun habe ich Ihr Inserat so oft gesehen und jedes Mal gedacht, da rufe ich einmal an. Und nun habe ich angerufen.»
- Meine **Homepage**: Auch hier wurde mein Portrait-Foto immer wieder erwähnt. Die Fotos von meiner Gesundheitspraxis waren oft entscheidend, dass sich

die Kundschaft dann für einen Termin gemeldet hat. Sie fühlten sich wohl beim Betrachten, es hat gepasst.

- Viele Kunden fanden mich über den **Online-Telefonbuch-Eintrag,** bei welchem sie mit einem Klick auf meine Homepage gelangten.
- Mein erster **PR-Bericht in der Lokalzeitung** war ein voller Erfolg. Ich wurde überrannt mit Terminanfragen!
- Auf meine **Fenster- und Türbeschriftung** wurde ich im Dorf oft angesprochen.

Fazit:

- Ohne Marketing/Werbung geht es nicht.

- Ja, es kostet (meistens) etwas.

- Du brauchst eine professionelle Homepage und einen Eintrag im Online-Telefonbuch.

- Die gute Nachricht: Mit den heutigen sozialen Medien kannst du laufend günstig oder sogar kostenlos Werbung machen.

- Nutze soziale Medien wie Instagram, Facebook, Twitter und Co.

- Nutze unbedingt auch die Kommunikations-Apps wie WhatsApp, Threema, Signal, Telegram.

- Beobachte deine Mitbewerber.

- Achte darauf, dass dein Auftritt auf allen Kanälen (Website, Visitenkarten, Instagram, WhatsApp etc.) immer professionell daherkommt.

- Alle Infos über deine Dienstleistungen müssen sofort ersichtlich sein, damit die potenzielle Kundschaft weiterliest.

Wie deine Räumlichkeiten zur Wohlfühloase werden

Ich gehe in diesem Kapitel davon aus, dass du bereits über Räumlichkeiten verfügst. Ist dies nicht der Fall, dann habe ich vorab noch ein paar Gedanken aufgeschrieben, die du dir machen kannst:

- *Je nach Dienstleistungen kannst du auch in deinem Haus/deiner Wohnung einen Raum frei machen. Überlege dir einfach:*
  - *Muss die Kundschaft durch meine privaten Räume gehen und möchte ich das?*
  - *Habe ich da die Ruhe, bzw. die Umgebung, die ich brauche für meine Dienstleistungen?*
- *Musst oder möchtest du etwas mieten, dann solltest du dir natürlich die Frage mit der Umgebung und der Ruhe auch stellen und zusätzlich:*
  - *Wieviel kann ich für die Miete ausgeben?*
  - *Besteht die Möglichkeit, mich mit jemandem zusammenzutun, um die Räumlichkeiten zu teilen?*
  - *Bietet sogar jemand Räumlichkeiten an, bei denen ich mich einmieten kann? Durchforste das Internet nach Inseraten.*
- *Kann ich meine Dienstleistungen in einem Coworking Space anbieten?*

Wohlfühloase

Jetzt denken vielleicht einige «Das ist kein Problem, ich dekoriere gerne.» Andere wiederum fragen sich, wieso ihre Physiotherapie-Praxis oder ihr Coaching-Büro eine Wohlfühloase sein muss.

Wenn du dich bereits durchs Kapitel «So machst du auf dich aufmerksam – Marketing ganz einfach» gelesen hast, dann weisst du, dass ich mehrmals erwähnt habe,

Bilder von deiner Praxis, deinem Studio oder deinem Beratungsbüro zu posten oder auf deiner Homepage abzubilden. Zudem weisst du inzwischen, dass die potenzielle Kundschaft auch mit dem Auge entscheidet.

Versetze dich nun einmal in deine Kundschaft. Nehmen wir an, du hättest Verspannungen im Rücken. Du suchst zum Beispiel im Online-Telefonbuch und im Internet und du findest zwei Personen, die genau das anbieten, was du suchst. Gut erreichbar für dich, Preise gleich, die Öffnungszeiten sind für dich bei beiden auch ideal. Jetzt hast du die Qual der Wahl. Beide haben eine tolle Homepage. Einziger Unterschied, Person A hat einige Praxisbilder. Gut fotografiert, sieht modern und sauber aus und vermittelt bereits auf den Bildern eine gewisse Wärme; man möchte es sich gleich auf der Massageliege bequem machen. Person B hat vielleicht ein Bild, Qualität eher schlecht, Praxis kalt und leer, erinnert eher an ein Krankenhaus und wirkt etwas lieblos oder es gibt gar keine Bilder. Ich denke, ich muss hier nicht beantworten, an wen du dich mit deinen Verspannungen wendest.

Also investiere Zeit für die Gestaltung deiner Räumlichkeiten. Und auch hier: Bist du nicht der Dekorations-Typ, dann frage jemanden, der sich damit auskennt.

Dekorations- und Wohlfühlideen

- Es muss nicht immer weiss sein: Streiche eine oder alle Wände in einer warmen Farbe.
- Stimme die Dekoration, deine Handtücher, Kerzen, Wassergläser, Teppich etc. auf diese Farbe ab. Es muss jedoch nicht dieselbe Farbe sein; du kannst auch mit 2-3 Farben spielen.
- Raumdüfte sind eine gute Sache. Aber bedenke: Weniger ist hier mehr. Teste verschiedene Düfte vorher aus, auch für dich muss der Duft stimmen. Lasse dich in einem Spezialgeschäft für Düfte beraten.
- Beruhigende Musik im Hintergrund
- Frische Blumen
- Kerzen, eventuell Duftkerzen statt Duftlampen
- Duftspray
- Vor allem bei Dienstleistungen wie Massagen muss es im Raum warm genug sein.
- Die Behandlungsliegen, Behandlungsstühle und Stühle für Beratungsgespräche müssen bequem sein.

- Hänge einige wenige, dafür stimmungsvolle und deinen Dienstleistungen angepasste Bilder auf.
  - In einer Physiotherapie-/Massagepraxis hängen in der Regel Skelettabbildungen, Fussreflexzonen-Bilder etc. Aber auch hier kann ein stimmungsvolles Bild mit Orchideen oder einem Wasserfall dem Ganzen noch etwas mehr Wärme verleihen.
  - Bist du Ernährungsberaterin, dann nutze schöne Bilder von Kräutern oder Gewürzen.
- Stelle sicher, dass die Beleuchtung deinen Dienstleistungen entsprechend angepasst ist.
  - Für Körperbehandlungen nicht zu grell, sondern warm und stimmungsvoll.
  - Für Beratungen hell genug, damit man Unterlagen gut lesen kann.
  - Warm sollte das Licht aber in jedem Fall sein! Heute gibt es sehr viele «kalte» Beleuchtungen. Mich erinnert das jeweils sehr an ein steriles Krankenhaus oder ein Labor.

Passe die Dekoration der Jahreszeit an. Läute den Sommer mit Wiesenblumen ein oder stelle zu Halloween auch mal einen Kürbis hin.

Alle diese kleinen Dinge zeigen der Kundschaft, dass du deine Praxis/Büro mit Herzblut führst. Und seien wir ehrlich: Wir arbeiten auch lieber in einer freundlichen, warmen und geschmackvollen Umgebung.

Versetze dich in deine Kundschaft

Gewöhne dir an, dich zwischendurch in deinen Räumlichkeiten wie deine Kundschaft zu verhalten. Betrete deine Räume so, als wäre es das erstes Mal und als wärst du deine eigene Kundschaft:

- Was siehst du?
- Was riechst du?
- Was hörst du?
- Was fühlst du?

- Stell dir vor, wie du von dir selbst empfangen wirst.
  - Stimmt das für dich?

- Hast du einen Wartebereich?
  - Wie sieht dieser aus?
  - Vermittelt er Vorfreude auf das, was dich erwartet?

- Setz dich auf den Behandlungs-/Beratungsstuhl.
  - Wie fühlt er sich an? Ist er bequem? Braucht es noch ein Kissen, eine Nackenstütze o. Ä.?

- Was siehst du von deinem Behandlungs-/Beratungsstuhl aus?
  - Eine aufgeräumte Praxis?
  - Interessante Verkaufsprodukte?
  - Ein schönes Bild?
  - Oder stört dich sogar etwas?

- Lege dich auf deine Behandlungsliege.
  - Wie weit ist der Weg vom Kleiderstuhl/Umkleideecke?
  - Fühlt man sich sicher?
  - Ist die Behandlungsliege bequem?
    - Vielleicht hast du einen Berufskollegen, der dich einmal auf deiner eigenen Massageliege massiert, damit du das Kundenfeeling am eigenen Leibe erfährst.
  - Ist die Behandlungsliege warm genug? Oder braucht es eine Wärmematte?

- Setze dich auf den Kundenstuhl, wenn du Beratungen anbietest oder Naildesignerin etc. bist.
  - Sitzt du bequem?
  - Was siehst du hier?

- Wo kassierst du ein?
  - Hast du einen kleinen Sekretär, einen Tisch o. Ä. oder liegt deine Geldbörse einfach lieblos herum?
  - Sind auch deine Visitenkarten schön platziert?

- Und macht die Aufbewahrung der Kundenkarten/Anamnesekarten einen vertrauenswürdigen Eindruck?

- Was sehe ich, wenn ich aus den Räumlichkeiten hinausgehe?

- Wie sieht die Toilette aus?
  - Sind einzelne Handtrocknungstücher vorhanden?
  - Hat es genug WC-Papier?
  - Riecht es frisch?
  - Ist es sauber?
  - Ist ein Abfalleimer vorhanden?
  - Hygieneseife?
  - Desinfektionsmittel?
  - Stehen Monatshygieneprodukte zur Verfügung?

Meine persönlichen Erfahrungen zum Thema Räumlichkeiten

- Ein feiner Duft und passende Musik entspannen und stimmen auf den nächsten Termin ein.
- «Oh, sieht das schön aus hier.» oder «Das sieht ja wirklich genau so schön aus wie auf den Fotos im Internet.» zu «Herrlich warm hier.» (vor allem im Winter ein Plus) bis hin zu «Es duftet fein hier.» und «Die Musik entspannt so schön.» hörte ich alles.
  Einfach herrlich diese Feedbacks!

Wie bei allen persönlichen Erfahrungen am Ende eines Kapitels gilt auch hier: Die Liste ist unendlich. Und ich bin sicher, du wirst bald eine eigene Liste führen und die Feedbacks geniessen können!

Fazit:

- **Allein mit deiner Dienstleistung lockst du deine Kundschaft nicht an.**

- **Deine Räumlichkeiten müssen Wärme ausstrahlen und einladend sein. Das erreichst du mit Dekorationen, Musik, Düften, Farbe, Beleuchtung etc.**

- **Sauberkeit und Hygiene sind ein Muss.**

- **Die Behandlungsstühle, Liegen und Beratungsstühle müssen bequem sein.**

- **Es ist wichtig, sich zwischendurch in die eigene Kundschaft zu versetzen und mit gespitzten Ohren, aufmerksamer Nase und offenem Herzen durch die eigenen Räumlichkeiten zu gehen.**

Wie du auf andere wirkst und Professionalität ausstrahlst

Wichtig ist: Du musst dich wohl in deiner Haut fühlen!

Fühlst du dich wohl, strahlst du das auch aus. Nun kommt jedoch schon das «Aber». Läufst du zuhause gerne in einer 20jährigen Jogginghose und einem Oversize-Shirt rum, dann passt das in der Regel nicht zu Dienstleistungen mit persönlichem Kundenkontakt. Du und deine Kleidung müssen deinen Dienstleistungen angepasst sein.

Das ist keine Hexerei und eigentlich selbstverständlich. Nichtsdestotrotz behandle ich dieses Thema in diesem Kapitel, denn es gehört einfach dazu.

Du:

- Körperhygiene ist das A und O, egal welche Dienstleistungen du anbietest:
  - Haare sehen frisch gewaschen aus (nicht fettig).
  - Dein Atem ist frisch.
  - Deine Fingernägel sind sauber und - je nach Dienstleistung - kurz geschnitten.
  - Deine Füsse müssen zwingend gepflegt sein, vor allem wenn du mit offenen Schuhen arbeitest.
  - Du riechst gut, also frisch geduscht aber nicht mit Parfüm eingenebelt.

- Du hast deine Haare so frisiert, dass du gut arbeiten kannst:
  - Hast du lange Haare, binde sie am besten zusammen, damit sie nicht im Gesicht stören.

- Die sauberen Fingernägel sind der Dienstleistung angepasst:
  - Kurz bei Körperbehandlungen.
  - Bei Nageldesigner sind die Nägel auch Werbung: Also zeige hier die neusten Trendfarben oder sonstige Verzierungen.

Deine Kleidung:

- Die Kleidung soll bequem sein und gut sitzen, du musst dich schliesslich wohlfühlen.

Die Kleidung sollte den Dienstleistungen angepasst sein. Als Coach oder Ernährungsberater ist eher elegantere Kleidung angebracht. Arbeitest du körperlich (Massage, Physiotherapie etc.) kannst du auch eine Jogginghose tragen. Zum Glück ist die Jogginghose heute salonfähig und dementsprechend auch in eleganteren Ausführungen erhältlich.

- Die Kleidung darf nicht alt, verwaschen oder schmutzig sein.

- Bitte alles bedecken, was bedeckt sein sollte. Ein zu offenherziger Look kann falsche Signale aussenden.

- Hosen, Shirts etc. sind gebügelt

- Die Schuhe sind passend und bequem.
  - Bitte bedenke, dass es Berufe gibt, in denen geschlossene Schuhe, bzw. Socken vorgeschrieben sind. Beispielsweise in der Fusspflege/Podologie (aus Hygienegründen).

Deine Kleidung ist gleichzeitig Visitenkarte und Werbung!

Passe deine Kleidung dem CI (Corporate Identity) an, also dem Erscheinungsbild deiner Praxis, Beratungsbüro, Studio. Was heisst das?

- Hast du eine Firmenfarbe? Dann sollte sich diese, wenn möglich in der Kleidung wiederfinden.
  - Du kannst beispielsweise ein T-Shirt in der Firmenfarbe tragen oder ein anderes Kleidungsstück, Haarband etc.
  - Ist dir das zu bunt oder die Farbe entspricht nicht deinem Farbtyp? Dann nehme eine andere, passende Farbe und lasse einen Schriftzug oder deinen Namen auf deine Kleidung machen.
    - Anbieter von Berufskleidern bieten diese Dienstleistung an.
    - Vielleicht hast du im Bekanntenkreis jemanden, der dir das mit einem Plotter machen und aufbügeln kann.

Bitte beachte bei allen Tipps, dass es eventuell in einzelnen Berufen Kleidervorschriften gibt. Klärt das bei eurem Berufsverband oder euren Ausbildnern ab.

Eigene Erfahrungen und Feedbacks zu Kleidung

Ich wurde vor allem auf meine Praxisfarbe «grün» angesprochen, da ich meine T-Shirts in dieser Farbe trug. Die Kundschaft hat bemerkt, dass sich diese Farbe in der Praxis, bei der Kleidung und in der Werbung immer wiederfindet.

Fazit:

- **Du musst dich in deiner Haut wohl fühlen.**

- **Die Kleidung muss deinen Dienstleistungen angepasst sein.**

- **Gepflegt sein ist ein Muss, aber mit Parfüm oder Schminke nicht übertreiben.**

- **Haare, Hände und Füsse inkl. Nägel sind gepflegt und den Dienstleistungen angepasst.**

- **Deine Kleidung ist sauber, frisch gewaschen und gebügelt. Nicht zu locker und nicht zu offenherzig.**

- **Die Kleider können mit deinem Logo versehen werden oder deiner Praxis/Studio/Bürofarbe angepasst sein. Das fällt auf und strahlt Professionalität aus.**

Warum der erste
Eindruck so wichtig ist

Was versteht man unter dem ersten Eindruck?

Man könnte jetzt sagen, der erste Eindruck beginnt damit, dass die Kundschaft dein Inserat liest oder deine Homepage besucht. Da ich diese Thematik jedoch im Kapitel «So machst du auf dich aufmerksam – Marketing ganz einfach» abhandle, ist hier der persönliche erste Eindruck bei der ersten Kontaktaufnehme gemeint.

In diesem Kapitel arbeite ich vor allem mit eigenen Erfahrungen und Feedbacks der Kundschaft.

Du erhältst einen Anruf, ein E-Mail oder per WhatsApp eine Anfrage. Eine persönliche Anfrage ist schon fast eine Terminbuchung. Denn wenn sich die potenzielle Kundschaft dazu durchgerungen hat, dich zu kontaktieren, dann möchte sie deine Dienstleistungen beanspruchen.

Jetzt liegt es an dir, die anfragende Person noch zu einer definitiven Terminbuchung zu motivieren.

Dass du freundlich, wohlgesinnt, zuvorkommend und positiv sein musst, sei es am Telefon oder beim E-Mail-Verkehr, versteht sich von selbst.

Dein Ziel ist es, der Kundschaft noch die letzte Sicherheit zu geben, damit sie spürt, dass sie bei dir an der richtigen Adresse ist. Je nach Dienstleistungen, die du anbietest, kannst du der anfragenden Person allfällige Bedenken nehmen.

- Vor einer Physiotherapie haben viele Menschen Angst, weil sie eine solche Behandlung mit

Schmerzen verbinden. Erkläre ihnen ruhig, dass ihr gemeinsam eine geeignete Therapie erarbeiten werdet.

- Oder du erklärst ganz ausführlich, was du machst. Oft rufen die Leute an, weil sie von einer Kollegin erfahren haben, dass deine Dienstleistung ihnen helfen soll. Aber sie wissen gar nicht genau, wieso und warum.

- Erkläre, dass du beim ersten Termin eine Anamnese machst und ihr dann gemeinsam schaut, was für sie am besten ist.

Obwohl eine Anfrage fast schon eine Terminbuchung ist, gibt es doch auch Situationen, die für die Anfragenden oder für dich nicht passen.

Gib den Anfragenden daher die Möglichkeit noch nein zu sagen. Weshalb?
- Es könnte sein, dass sich bei der ersten Kontaktaufnahme herauskristallisiert, dass du nicht ganz genau

das anbietest, was die Kundschaft braucht oder sich vorgestellt hat.

- Die Kundschaft sucht eine Praxis, die bei der Krankenkasse anerkannt ist, du bist es jedoch nicht.

- Die Kundschaft will sich nicht festlegen oder stellt immer wieder Fragen und verlangt doch nicht nach einem Termin. Ein Zeichen, dass etwas nicht stimmt, nicht passt.

- Die Kundschaft merkt, dass du nicht so einfach für sie erreichbar bist mit ÖV/Auto oder die Öffnungszeiten nicht passen.

Überredest du nun die anfragende Person zu einem Termin, dann kommt sie in der Regel einmal und danach nie mehr. Je mehr Erfahrungen du sammelst, umso mehr spürst du Unsicherheiten heraus und kannst darauf reagieren.

Viele Menschen trauen sich am Telefon nicht zu sagen: «Oh, das ist doch nichts für mich oder ich möchte mir jemanden suchen, der einfacher erreichbar ist.»

Spürst du Unsicherheiten heraus, dann kannst du auf diese eingehen. Zum Beispiel:

- «Es ist für mich kein Problem, wenn Sie jemanden suchen, der Krankenkassen anerkannt ist.»
Ich hatte mit der Zeit sogar einige gute Kontakte mit Berufskollegen, die von den Krankenkassen anerkannt sind, und konnte die Kontaktdaten gleich weitergeben.

- «Sind Sie sicher, dass die Anfahrt für Sie kein Problem ist? Falls Sie jemanden suchen wollen, der näher für Sie ist, ist es für mich in Ordnung.»

- «Wollen wir einen Termin vereinbaren und dann gemeinsam schauen, was für Sie stimmt und Sie probieren es einmal aus. Danach können Sie entscheiden, ob Sie einen weiteren Termin möchten oder nicht.»

Es kann auch sein, dass für dich etwas nicht stimmt. Dies ist oft ein Bauchgefühl. Je mehr Erfahrungen du hast, umso mehr kannst du dich auf dein Bauchgefühl verlassen. Nachfolgend einige Beispiele aus meinem Praxisalltag:

- Der Klassiker bei Berufsmasseuren: Die Kundschaft möchte eine «andere», «spezielle» Massage (erotische Massage oder mehr). Hier blieb ich immer freundlich und erklärte ruhig, dass ich das nicht anbiete.

- Wie erwähnt, gibt es Kundschaft, die am Telefon nicht auf den Punkt kommt, unschlüssig ist und Fragen über Fragen stellt. Bei diesen Personen schlug ich jeweils vor, dass sie sich noch weiter informieren oder zuerst Abklärungen veranlassen sollen (Gesundheitszustand vom Arzt überprüfen etc.) Oder ich verwies sie auf eine Berufskollegin, welche vielleicht noch eine passendere Dienstleistung anbot. Meistens war die Kundschaft erleichtert und ging sofort auf mein Angebot ein.

- Einige wenige Male war mein Bauchgefühl sehr stark. Die Kundschaft fragte zwar nicht nach einer «speziellen» Massage, aber dennoch wurde ich das Gefühl nicht los, dass sie so etwas wünscht. In solchen Situationen hatte ich ganz einfach keine Termine mehr frei.

Da ich in diesem Kapitel die «speziellen» Massagen angesprochen habe, möchte ich über das heikle Thema Übergriffe ein paar Worte schreiben. Zum Glück wurde ich nur einmal damit konfrontiert, wobei es einfach eine unangenehme Situation war. Ich hatte jedoch immer einen kleinen Reise-Haarlack in Griffnähe. Der ist unauffälliger als ein Pfefferspray, würde seine Wirkung jedoch auch tun. Zudem mache dir Gedanken, ob Nachbarn im Haus sind oder Familienmitglieder. Das gibt dir Sicherheit.

Meine Erfahrungen zu den Erstkontakten

Ein Verkäufer würde mir vielleicht nicht in allen Punkten zustimmen, da ich auf Kundschaft verzichtet habe, wenn ich sie an Berufskollegen verwies. Am Anfang nahm ich alle anfragenden Personen an. Bald musste ich einsehen, dass unsichere Personen oder Personen, die sich überreden liessen, nur einmal zu mir kamen und dann nicht mehr. Dadurch, dass ich Personen sogar weitergeholfen habe mit den Kontaktdaten meiner Berufskollegen, bekam ich viel mehr positive Feedbacks und Weiterempfehlungen.

Fazit:

- Ein Anrufer möchte in der Regel einen Termin bei dir ausmachen, sonst hätte er dich nicht kontaktiert.

- Stets freundlich sein, sei es am Telefon oder in Textnachrichten.

- Der Kundschaft die Unsicherheit nehmen, indem du ihr deine Dienstleistungen genau erklärst.

- Bei Unsicherheiten der Kundschaft gut zuhören oder zwischen den Zeilen lesen. Bei Bedarf ein «nein» vorschlagen oder an Berufskollegen weiterverweisen.

- Hast du ein schlechtes Bauchgefühl, darfst auch du «nein» sagen, also jemanden abweisen.

Wie du beim ersten Termin Pluspunkte sammelst

Vertrauen und Wohlfühlen vermitteln

Die Kundschaft kommt zum ersten Termin. Das Erstgespräch oder Anamnesegespräch findet in deinen Räumlichkeiten, also in deiner Praxis, deinem Büro oder deinem Therapieraum statt.

Wie du auf andere wirkst und Professionalität ausstrahlst haben wir bereits besprochen. In diesem Kapitel geht es darum, wie wir der Kundschaft Vertrauen und Wohlfühlen vermitteln. Oft nimmt die Kundschaft das erste Mal eine solche Dienstleistung in Anspruch. Sie war also vielleicht noch nie in einer Massage, Ernährungsberatung, in einem Coaching oder in der Physiotherapie. Viele Menschen sind bei ungewohnten Situationen erst einmal verunsichert. Sie wissen nicht genau, was sie erwartet. Stell dir vor, du gehst zum ersten Mal in eine Therapie, Behandlung oder Beratung. Was würde dir Sicherheit und Vertrauen geben?

Eine herzliche Begrüssung wird bereits das Eis brechen. Bitte die Kundschaft herein und sage ihr, dass du vorausgehst und sie dir folgen soll. Lasse die Kundschaft nicht einfach weitergehen, das kann unter Umständen bereits verunsichern. Frage nach, ob sie dich gut gefunden hat. Solche Fragen können dir auch Inputs liefern, ob die Wegbeschreibung auf deiner Homepage gut ist oder verbesserungswürdig. Nimm der Kundschaft die Jacke ab, hänge sie auf und erkläre ihr, wo sie sich hinsetzen kann und warum. Wenn du eine Massage- oder Physiobehandlung machst und du dich zuerst mit deiner Kundschaft an einen Tisch setzen willst für das Anamnesegespräch, muss sie das wissen. Das könnte sonst bereits verunsichern.

Das Anamnese-Gespräch führe ich hier nicht weiter aus. Das ist individuell, je nach Behandlungen, die du anbietest. Auch ein Coiffeur macht ein Erstgespräch mit seiner Kundschaft. Da geht es dann um Haarschnitt und Farbe und nicht um Schmerzen, ernährungs- oder psychische Probleme. Das wird in jeder Ausbildung, auf den Beruf zugeschnitten, behandelt und gelehrt.

Was aber für alle gilt:

* Was für Erwartungen hat die Kundschaft?
* Haben sie Vorbehalte oder Ängste?
* Spezielle Probleme: Kann jemand nicht zu lange auf dem Bauch liegen oder friert schnell?

Alles was der Mensch weiss, gibt Sicherheit und schafft Vertrauen

Und nun ganz wichtig: Erkläre der Kundschaft jeden weiteren Schritt. Nachfolgend zähle ich einige Beispiele auf. Diese Liste lässt sich beliebig fortführen und die Aussagen passen sicher nicht zu jeder Dienstleistung oder Behandlung. Lage der Örtlichkeiten, Zimmeraufteilungen, Behandlungsliegen/Stühle, Umkleidekabinen/Ecken sind überall etwas anders. Nimm dir diejenigen Erklärungen heraus, welche für dich stimmen. Passe sie an und erweitere sie auf die Bedürfnisse deiner Kundschaft.

- «Während der Massagebehandlung spreche ich nicht; Sie dürfen die Massage einfach geniessen. Zwischendurch werde ich Sie fragen, ob der Druck für Sie stimmt und es bequem für Sie ist. Sie dürfen selbstverständlich jederzeit sagen, wenn ich am Druck etwas ändern soll oder sonst irgendetwas ist. Falls es Ihnen wohler ist, wenn wir miteinander sprechen, dann ist das natürlich auch in Ordnung. Ich möchte einfach, dass es für Sie stimmt.»

- «Es ist wichtig, dass Sie mir sagen, wenn etwas für Sie nicht stimmt. Wenn es schmerzt, der Druck für Sie zu fest oder zu wenig ist, wenn sie unbequem liegen/sitzen.» (Massage, Fusspflege, Physio, Kosmetik etc.)

- «Wenn bei meinen Ausführungen und Erklärungen etwas nicht klar ist, unterbrechen Sie mich einfach.» (Ernährungsberatung, Coaching, Physioübungen etc.)

- «Sie dürfen sich nun bis auf die Unterhosen ausziehen und sich hier auf der Liege auf den Bauch legen. Den Kopf bitte in diese Öffnung. Falls Sie den BH anbehalten möchten, bis Sie liegen, ist das kein Problem. Ich öffne ihn, wenn Sie liegen.» (BH am Schluss der Behandlung der Kundin auch wieder schliessen!)

- Kündige an, bevor du mit der Behandlung anfängst. Die Kundschaft sollte nicht erschrecken, wenn du ohne Vorwarnung anfängst zu behandeln. Eventuell hast du noch kalte Hände oder das Massageöl läuft seitlich am Körper hinunter und kitzelt.

- «Sie dürfen sich auf den Fusspflegestuhl setzen und die Socken und Schuhe ausziehen. Soll ich Ihnen dabei helfen?»

- «Zuerst werde ich jetzt ein Fussbad bereit machen.»

- «Sie dürfen sich nun oben frei machen. Den BH können Sie anbehalten. Danach setzen Sie sich hier auf den Kosmetikstuhl. Ich werde Sie gleich wieder zudecken.»

- «Ich werde nun zuerst Ihre Körpermasse ausmessen, damit wir in ein paar Wochen die Fortschritte der Ernährungsumstellung prüfen können.»

- «Ich stelle Ihnen zuerst viele Fragen, um Sie kennen zu lernen.» (Coaching)

- «Ich stehe unter Schweigepflicht.»

- «So, die Behandlung ist vorbei. Sie dürfen noch kurz liegen bleiben, ich werde mir noch die Hände waschen.»

- «Bitte stehen Sie langsam auf, damit Ihr Kreislauf zuerst wieder in Schwung kommt.»

- «Wie fühlen Sie sich?»

- «Es kann sein, dass Sie morgen von der Massage etwas Muskelkater haben.»

- «Wenn ein Fussnagel in nächster Zeit sticht oder sonst schmerzt, melden Sie sich.»

- «Wenn Sie Fragen zum Ernährungsplan haben, schreiben Sie mir eine E-Mail oder rufen Sie mich an. Die Fragen kommen meist erst bei der Umsetzung zuhause.»

- «Schreiben Sie sich bitte alle Fragen auf, die Ihnen zu unserem heutigen Thema in den Sinn kommen oder Ihnen im Alltag begegnen, damit wir sie beim nächsten Coaching besprechen können.»

- «Notieren Sie sich, welche Physio-Übungen gut gingen und welche nicht, damit wir diese das nächste Mal zusammen anschauen können.»

Und so könnte die Liste beliebig weitergehen. Erkläre der Kundschaft jeden Schritt, jede Aufgabe, alles was du tust oder was sie tun muss. Denn: Alles was der Mensch weiss, gibt Sicherheit und schafft Vertrauen.

Folgetermine

Nun geht es um den nächsten Termin. Unser Ziel ist es natürlich, dass die Kundschaft wieder kommt. Wir wollen ja Stammkunden aus unserer Kundschaft machen. Sprich sie direkt auf den nächsten Termin an, gib ihnen aber einen Ausweg. Also zum Beispiel:

- «Wollen wir gleich einen Folgetermin vereinbaren? Ich bin bereits ziemlich ausgebucht, da ist es gut, wenn Ihr Termin fixiert ist. Wenn Sie das Gefühl haben, die Massage habe ihnen nicht gut getan, das ist nichts für Sie, dann können sie den Termin wieder absagen. Meist ist es jedoch gut, es ein zweites Mal zu probieren, damit sich der Körper daran gewöhnt. Auch die Verspannungen lösen sich nicht nach einem Mal.»

- «Wollen wir gleich einen Folgetermin vereinbaren? Ich bin ziemlich ausgebucht, da ist es gut, wenn der Termin bereits fixiert ist. Wenn Sie noch nicht so sicher sind in der Umsetzung (Coaching, Ernährungsthemen etc.) ist es gut, wenn wir es nochmals besprechen können. Danach können Sie erneut entscheiden, ob das Längerfristig etwas für Sie ist.»

Ein Folgetermin ist immens wichtig. Wie im Kapitel «Marketing ganz einfach» beschrieben, braucht es immer etwas, bis sich jemand für einen Ersttermin entscheidet. Genauso ist es mit den Folgeterminen. So kann es sein, dass sich jemand so lange nicht mehr meldet, bis er sich nicht mehr getraut. Zudem reicht ein einziger Termin in der Regel bei keiner Dienstleistung, um sich vom Nutzen zu überzeugen oder eine Wirkung zu erzielen.

Meine Erfahrungen beim ersten Termin

Ich gehe schon seit vielen Jahren einmal im Jahr in ein Wellnesswochenende. Eine Standardbehandlung, die ich jedes Mal buche, ist eine Massage: Eine klassische, ayurvedische oder Hot-Stone-Massage. Jede Massage war irgendeinmal neu für mich. Und oft wurde ich nicht informiert, wo ich mich um-, bzw. ausziehen konnte, was ich ausziehen musste, ob ich Einwegunterhosen anziehen sollte, wie ich mich hinlegen durfte. Kurz: Ich war jedes Mal etwas verunsichert. Als Berufsmasseurin habe ich von Anfang an versucht, das besser zu machen. Ich habe der Kundschaft jeden Schritt erklärt. Dennoch hatte ich ein lustiges Schlüsselerlebnis:

Eine meiner ersten Kundinnen lag bequem auf dem Bauch, ich massierte ihren Rücken und liess sie geniessen. Ich war der Meinung, Gespräche wären in der Massage nicht nötig oder störend, weil die Kundschaft ja entspannen soll. Nach zirka 15 Minuten fragte die Kundin mich (!) ob es mir gut geht. Äh, ja? Sie dachte, da ich nicht spreche, gäbe es ein Problem. Da habe ich etwas dazugelernt: Schliesse nie von dir auf andere. Ich liebe es dazuliegen, zu geniessen und die Massage zu spüren, musste aber lernen, dass es Kundschaft gibt, die gern plaudert. Also habe ich diese Erkenntnis, wie vorher beschrieben, auch in meine Erstgespräche eingebaut.

Folgetermine: Ich habe immer wieder festgestellt, dass Kundschaft, die sich nach langem gemeldet hat, scheu gefragt hat: Nehmen Sie mich noch? Und das waren nur die, die sich gemeldet haben. Da gab es sicherlich einige, die sich nicht getraut haben, wieder zu kommen, weil zwischenzeitlich so viel Zeit verstrichen war.

Fazit:

- Erkläre der Kundschaft jeden einzelnen Schritt: Wo kann sie sich hinsetzen, wieso machst du etwas etc.

- Die Kundschaft soll jederzeit nachfragen können, wo sie sich umziehen kann, wie die Behandlung abläuft etc.

- Je besser die Kundschaft informiert ist und weiss, was auf sie zukommt, umso sicherer und wohler fühlt sie sich. Das schafft Vertrauen.

- Bemühe dich um einen Folgetermin!

Was du für dich tun kannst und weshalb das auch deinem Geschäft etwas bringt

Berufe, welche sich um das Wohlbefinden von Menschen drehen, haben den Ruf, die Berufsleute schneller ausbrennen zu lassen als andere. Das hat seine Berechtigung - leider. Denn wer sich intensiv um andere Menschen kümmert, vergisst sich oft selbst. Es ist also sehr wichtig, dass du dich auch um dich kümmerst!

Natürlich musst du für dich selbst herausfinden, was dir guttut. Aber egal, was dir den Ausgleich bringt, oft ist es auch eine Dienstleistung, die du in Anspruch nimmst. Zum Beispiel eine Fusspflege, Fitnesstraining, ein Wellnesswochenende, Yogawoche, ein Coaching, der Coiffeurbesuch oder eine Joggingrunde. Das heisst für dich: Augen und Ohren auf! Warum?

- Weil du beobachten kannst, wie du im Fitnessstudio begrüsst und instruiert wirst.
- Was für Zusatzdienstleistungen bietet dein Fitnessstudio an?
- Was fehlt dir, damit du dich dort wohler fühlst?
- Wie wirst du beraten, wenn du dir Joggingschuhe kaufst?
- Wie ist die Beratung betreffend Haltung im Schuh?
- Wie wirst du bei deinem Physiotherapeuten, Masseur oder bei deinem Coiffeur empfangen?
- Bekommst du beim Coiffeur einen Kaffee? Spricht er dich darauf an, ob du den letzten Haarschnitt selbst in Form bringen konntest?
- Sagt dir der Masseur, was dich erwartet? Nimmt er dich ernst, wenn du sagst, das letzte Mal tat dir danach die Schulter weh? Was vermisst du?
- Erklärt dir dein Treuhänder, wieso er welche Unterlagen braucht? Kannst du nachfragen, wenn du Fragen zu deiner Buchhaltung hast?

- Wird dir in einem Hotel erklärt, wo was zu finden ist?
- Sagen sie dir bei der Buchung eines Wellnesstermines, ob du im Bademantel oder in Strassenkleidung dort erscheinen musst?
- Wird nachgefragt, ob du bereits eine solche Behandlung hattest und wenn nein, wird dir alles erklärt?

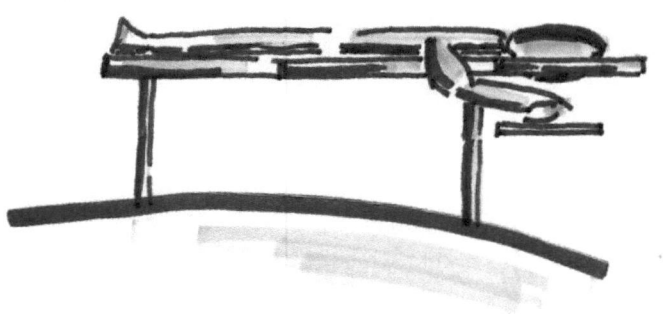

Auch hier könnte die Liste unendlich lange weitergehen. Was ich damit sagen will ist, dass du dir gute Dinge abgucken sollst. Du musst das Rad nicht neu erfinden. Merke dir auch, was dir bei anderen fehlt, welche Fehler du nicht machen willst.

So kannst du zwei Fliegen mit einer Klappe schlagen. Du sorgst für deinen Ausgleich, deine Gesundheit und kannst gleichzeitig die Mitbewerber beobachten und davon lernen.

Meine Erfahrungen beim Mitbewerber beobachten und was ich mir Gutes tue

Wie bereits erwähnt, gehe ich gerne in Wellnessferien. Als ich dann meine eigene Gesundheitspraxis hatte, habe ich jeweils ganz bewusst meine Behandlungen und die Umgebung wahrgenommen. Ich habe mir Massagegriffe abgeguckt, Dekorationsideen geholt, Fachbegriffe, die ich nicht kannte, gegoogelt und vieles mehr. Nach jedem Wellness-Wochenende kam ich erholt und mit neuen Ideen zurück.

Des Weiteren gehe ich regelmässig in die Massage und zur Fusspflege. Das tut mir in erster Linie sehr gut. Zudem kann ich mich mit Berufskollegen austauschen. Wenn man ein Einpersonen-Betrieb ist, fehlt einem der Austausch. Oft kann ich ein Problem besprechen und mit der Kollegin eine Lösung finden.

Beachte, dass für die meisten Dienstleistungen eine Schweigepflicht besteht. Mit den Berufskollegen also nur über Fachliches, nicht aber über die Kundschaft sprechen.

Fazit:

- Sorge für dich. Suche dir einen Ausgleich zu deiner Arbeit. Ganz wichtig!

- Halte die Augen und Ohren offen, wenn du andere Dienstleistungen in Anspruch nimmst. Davon kannst du lernen und Ideen übernehmen.

- Nimm zwischendurch Dienstleistungen in Anspruch, die du auch anbietest (Fusspflege, Coiffeur, Kosmetik, Massage, Coaching), damit du auch den Austausch mit anderen Berufskollegen hast. Lerne davon.

Was auch noch wichtig ist

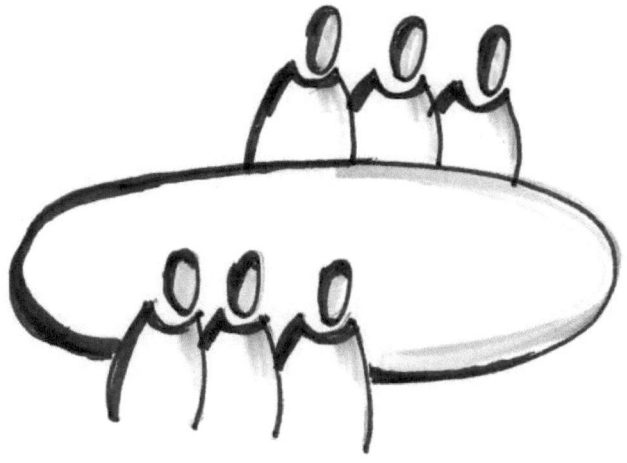

Hier findest du ein Sammelsurium über verschiedene Themen und Ideen. Es sind kleine Hinweise, die man dennoch nicht vernachlässigen sollte.

Überlege dir, ob du eine neue, eigene **Telefonnummer** für deine Praxis, dein Büro oder dein Studio brauchst. Muss es eine Festnetznummer sein? Reicht eine Mobilenummer? Oder kannst du sogar deine private Mobilenummer verwenden?

Besprich deine **Combox** mit einem eigenen Ansagetext. Die potenzielle Kundschaft muss sofort wissen, ob sie am richtigen Ort angerufen hat. Dein Vor- und Nachname, eventuell dein Geschäftsname müssen erwähnt werden. Fordere die Anrufer auf, dir eine Nachricht auf die Combox zu sprechen oder auch eine Textnachricht zu schicken, wenn du gerade nicht persönlich abnehmen kannst.

Bei Bedarf und bei Ferienabwesenheit eine **Auto-Antwort** aufschalten für E-Mail.

Suche dir **Berufskollegen**, die im Notfall deine **Ferienablösung** machen können. Auch du kannst die Ferienablösungen für sie machen.

Erstelle dir eine **Liste mit Berufskollegen**, die zum Beispiel erweiterte Dienstleistungen von dir anbieten oder Krankenkassen anerkannt sind. So kannst du Anrufern auch Alternativen anbieten, wenn du das Gewünschte nicht bieten kannst.

Vernetze dich mit Berufskollegen, um dich fachlich austauschen zu können.

Für den fachlichen Austausch eignen sich auch Berufsverbände. Solche **Berufsverbände** helfen oft auch bei rechtlichen Dingen oder organisieren Treffen für die Mitglieder.

Erkundige dich über die nötigen **Versicherungen.** Auch hier können Berufsverbände helfen.

Prüfe die Möglichkeit eines **Produkteverkaufs.** Also Kosmetikprodukte, Nahrungsergänzungen, Haarprodukte, Faszienrollen und vieles mehr. Denke daran, dass du an den Produkten etwas verdienst. Das heisst, dass du auf deinen Einkaufspreis etwas draufschlägst. Wieviel hängt vom Produkt und vom Markt ab. Erkundige dich im Internet, was für ähnliche oder gleiche Produkte auf dem Markt bezahlt wird.

Arbeitest du beratend oder als Fusspfleger, Coiffeur etc., dann biete deiner Kundschaft einen **Kaffee, Wasser, Tee** o. Ä. an.

Suche dir **Lieferanten/Fachgrossisten** für deine Berufs-Produkte und das Berufsmobiliar, die wenn möglich in der Nähe sind und einen guten Service anbieten. Viele kaufen über Internet vermeintlich günstig ein. Und dann, wenn ein Gerät defekt ist, kommt das böse Erwachen. Seriöse Grossisten und Lieferanten leihen dir für die Reparatur-Zeit ein Ersatzgerät aus.

Überlege dir, ob du deiner Kundschaft für eine erfolgreiche **Neukundenvermittlung** etwas geben willst. Einen Rabatt-Gutschein, eine Gratisbehandlung oder ein Produkt.

Belohne deine **Stammkunden**. Kundschaft, die weiss, dass sie regelmässig bei dir vorbeikommt, ist gerne bereit, zum Beispiel ein 10er-Abo zu kaufen. Da sie im Voraus bezahlt, kannst du dich dafür mit einer Gratisbehandlung bedanken, also 11 für 10.

Lasse **Gutscheine** drucken, damit man deine Dienstleistungen verschenken kann.

Hänge in deiner Praxis, deinem Studio beim Eingang und/oder im Wartebereich einen **Hygieneplan** auf. Stelle Desinfektionsmittel zur Verfügung.

Frage deine Kundschaft gezielt nach **Feedback**. Vielleicht kreierst du dafür sogar einen Fragebogen.

Hast du Erfahrungen? Tipps? Ideen? Lob?
Dann freue ich mich auf Feedbacks von dir!

esther.leder@gmx.net

Danksagung

Das ist mein erstes Buch und die Entstehung war ein sehr spannendes Abenteuer. Ich hatte die Möglichkeit, von der Idee über den Text bis hin zu den Illustrationen und das ganze Veröffentlichungs-Prozedere, alles selbst zu machen. Auf dem Weg zur Veröffentlichung haben mich dennoch und zum Glück, einige Menschen begleitet und mich unterstützt.

Ein grosser Dank geht an meinen Lieblingsmenschen - meinen Mann Markus. Vielen Dank, dass du mich bei meinen, manchmal etwas verrückten Ideen, immer unterstützt. Danke dir auch für dein Testlesen, deine Ideen und Inputs!

Ein ebenso grosser Dank geht an meine Testleserinnen Ruth und Sandra. Sie haben nicht nur als Testleserinnen fungiert, sondern gleich noch korrigiert und lektoriert. Auch konnte ich einige grossartige Vorschläge von ihnen im Buch umsetzen. Ihr seid Gold wert, DANKE!

Danke dir Ruth für den tollen Klappentext, der passt perfekt und ist genau auf den Punkt gebracht.

Über mich

Mein Werdegang war sehr abwechslungsreich und ich hatte das Glück, verschiedene Berufe ausüben zu dürfen. Besonders zwei Berufsstationen haben mich zum Schreiben dieses Ratgebers inspiriert.

Zum einen war ich jahrelang Marketingleiterin bei einem Beauty-Grossisten. Dabei suchten wir immer wieder den Kontakt zur Kundschaft. Nicht bloss, weil wir Produkte verkaufen wollten. Nein, unsere Vision war es, der Kundschaft zu helfen, ein Geschäft auf- und auszubauen und erfolgreich zu sein. Mit unseren Aus- und Weiterbildungen, die in den Jahren zum Verkauf von Beauty-Produkten hinzukamen, konnten wir der Kundschaft einen Mehrwert bieten. Im Kundenmagazin erschienen Artikel mit Tipps und Tricks für den Geschäftsalltag. Gerne hätte ich diesen Bereich noch mehr ausgebaut, doch dazu fehlte mir im Geschäftsalltag die Zeit.

Später, mit drei aktiven Jungs, habe ich mich zur Selbstständigkeit entschieden, um Teilzeit arbeiten zu können. Mit der Ausbildung zur Berufs- und Fussreflexzonenmasseurin sowie zur Fusspflegerin durfte ich mir den Traum von meiner eigenen Gesundheitspraxis erfüllen. In dieser Zeit konnte ich sehr viele Erfahrungen sammeln. Erfahrungen, die ich bereits als Marketinglei-terin der damaligen Kundschaft gerne weitergegeben hätte.

Ich hatte schnell eine liebe Stammkundschaft und musste oft Neukunden absagen. Dies zum Erstaunen von so mancher Berufskollegin. Öfters gab ich ihnen Tipps, jedoch immer nur tröpfchenweise. In Gedanken dachte ich immer: Hätte ich Zeit, würde ich diese Bera-tungen professionalisieren. Das Leben hält immer wie-der Unvorhergesehenes bereit, so auch für mich. Als ich gesundheitsbedingt kürzertreten musste, erhielt ich die Gelegenheit, mein Wissen in einem Ratgeber niederzu-schreiben. Dafür bin ich sehr dankbar.

Instagram @enya.leander_esther.leder

Facebook @enya.leander_esther.leder

Twitter enya.leander_esther.leder

Definitive Website/Homepage im Aufbau
Übergangs-Homepage:
https://enya-leander-esther-leder.jimdosite.com/